Conspiration de Saumur.

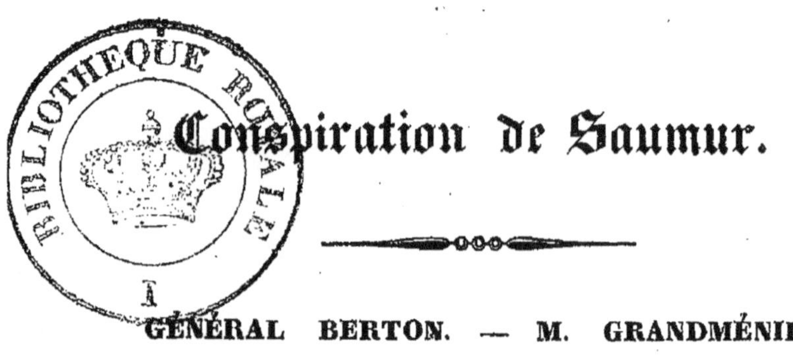

GÉNÉRAL BERTON. — M. GRANDMÉNIL.

RECTIFICATION DES FAITS.

(Extrait du National du 3 Avril 1841.)

On se rappelle que M. Grandménil, trouvant dans l'histoire de France publiée par M. Lacretelle, et dans la continuation d'Anquetil, par MM. Burette et Maslatrie, des assertions qui le présentaient comme le complice de Woelfled dans la conspiration de l'infortuné général Berton, avait cité ces écrivains en police correctionnelle, pour voir déclarer que les accusations portées contre lui étaient diffamatoires. Les termes de la loi, les circonstances dans lesquelles MM. Lacretelle, Burette et Maslatrie avaient écrit, la loyauté parfaite qui avait dirigé leur plume, ne permettaient pas de les considérer comme diffamateurs ; la prescription leur était d'ailleurs acquise : ils furent renvoyés de la plainte.

Cependant le tribunal, en présence des témoignages les plus honorables pour M. Grandménil, a voulu que sa réhabilitation n'en fut pas moins complète : après avoir hautement proclamé qu'il lui était évident que M. Grandménil n'avait jamais forfait à l'honneur, il a provoqué de la part des écrivains, pour la plus grande publicité de cette vérité, un nouvel examen des faits. Ce nouvel examen a eu lieu ; l'erreur a été constatée, elle sera rectifiée.

Ainsi, moralement, M. Grandménil a gagné son procès, il ne pouvait désirer davantage. Voici, à cet égard, la déclaration de M. Lacretelle et celles de MM. Burette et Maslatrie : elles seront placées en tête des exemplaires qui restent encore de leurs ouvrages. Nous nous empressons de publier ces trois pièces. C'est notre devoir de donner cette satisfaction à M. Grandménil, pour le caractère duquel tous ceux qui le connaissent ont toujours professé la plus grande estime.

DÉCLARATION DE M. LACRETELLE.

« Dans le récit de la dernière conspiration de Berton, depuis la page 240 jusqu'à la page 252, nous avons dit la part que M. Grandménil semblait avoir prise à l'acte de Woelfled. A nos yeux,

M. Grandménil était un personnage équivoque ; toutes les vraisemblances tendaient à faire supposer qu'il avait été d'accord avec la police pour livrer le général Berton. D'autres écrivains l'avaient jugé plus sévèrement encore : ils n'avaient pas balancé à le signaler comme étant d'intelligence avec Woelfled, et comment ne pas se pénétrer de cette idée en présence des seuls documents que fournissent les débats du procès de Poitiers et les incidents auxquels ils donnèrent lieu ? Le réquisitoire de M. le procureur-général Mangin, les paroles du général Berton, les attaques du général Foy à la tribune, tout accusait M. Grandménil. A toutes ces accusations, M. Grandménil n'opposait que le silence ; l'historien ne pouvait donc pas même supposer l'erreur.

« Pourtant, nous devons le dire, quelle que soit et demeure notre opinion sur l'imprudente et très inopportune tentative du général Berton, la conduite de M. Grandménil fut un acte de dévoûment à son parti : il laissait l'accusation et la défense s'élever contre lui dans le procès ; il laissait retentir à la tribune des paroles d'indignation proférées contre lui, parce que les soupçons, ainsi dirigés, détournaient le ministère public de la véritable voie où d'autres personnages importants pouvaient se rencontrer : il eût été possible d'arriver jusqu'à Lafayette lui-même. M. Grandménil subit à la fois deux condamnations capitales par contumace, neuf années d'exil, et toutes les injures que des hommes de son parti même lui adressaient, sans se plaindre ni murmurer.

« Ainsi l'attestent M. Georges Lafayette, si bien instruit de tous les événements de cette époque, M. Tessié de la Mothe, si compromis lui-même dans la conspiration, M. Drault, avocat de l'infortuné général Berton, et bien d'autres hommes honorables ; c'est pour nous un devoir de le proclamer aujourd'hui.

« Dans la continuation de Dulaure, M. Auguis (1) a donné, sur la conduite de M. Grandménil, lors du procès de Berton, les détails le plus circonstanciés ; il l'a complètement lavé de toute imputation de trahison ou de bassesse. Nous nous empressons de faire à notre tour cette rectification à quelques pages de notre histoire.»

LACRETELLE.

Paris, le 12 Mars, 1841.

____

(1) Voyez pages 415 à 472 du tome VII, de l'Histoire de la Révolution Française depuis 1814 jusqu'à 1830, revue et continuée par M. Auguis. Paris, 1840, chez Poirée, libraire, 2, *rue Croix-des-Petits-Champs*.

DÉCLARATION DE M. BURETTE.

« Dans notre continuation de l'histoire d'Anquetil, nous avons aussi parlé d'une conspiration simulée entre le maréchal-des-logis Woelfled et le chirurgien Grandménil; nous avions puisé aux mêmes sources que M. Lacretelle. Ayant acquis depuis une connaissance exacte de la conduite de M. Grandménil, dans la conspiration du général Berton, nous pouvons aujourd'hui apprécier les motifs d'une discrétion auparavant inconcevable. C'est pour nous un devoir de le proclamer : jusqu'au dernier moment, dans cette fatale entreprise, M. Grandménil a exposé sa vie, et n'a pas hésité à faire le sacrifice de sa propre réputation pour sauver plusieurs des principaux conjurés. Nous rectifions avec plaisir notre erreur. M. Grandménil n'a jamais eu rien de commun avec la trahison de Woelfled. »

BURETTE.

Paris, 20 Mars, 1841.

DÉCLARATION DE M. DE MASLATRIE.

Entraîné par les documents officiels, nous avions pensé que M. Grandménil avait trahi le

général Berton. Nous l'avions dit dans une ligne :
« *Bientôt Berton trahi par l'un des siens,
Grandménil, fut arrêté.* »

En partageant les sentiments de l'honorable
M. Lacretelle sur l'affaire du général Berton,
nous nous empressons de reconnaître que
M. Grandménil n'eût rien à se reprocher, et
que son dévoûment au général, à la cause qu'il
avait embrassée, ne se démentit pas même dans
le plus triste exil !

LOUIS DE MASLATRIE.

Paris , 29 mars, 1841.

ATTESTATIONS

DE

MM. G. LAFAYETTE, DRAULT DÉPUTÉS, ET DELALANDE,

Arrêté à Laleu, avec le général Berton.

M. G. W. LAFAYETTE A M. GRANDMÉNIL.

Je reçois, Monsieur, la lettre que vous m'avez fait l'honneur de m'écrire, et je m'empresse d'y répondre.

Certes, je n'aurais jamais cru que votre réputation eût besoin d'être défendue par le témoignage de vos anciens amis politiques, et, si vous eussiez été personnellement connu des historiens qui ont inscrit votre nom à côté de celui du misérable qui a vendu le général Berton, vous n'auriez pas aujourd'hui à réclamer de nous la justice qui vous est due.

Toutefois, Monsieur, puisque vous voulez bien en appeler à mes souvenirs, je remplis avec satisfaction un devoir que la reconnaissance a rendu sacré pour moi.

Je ne puis oublier que votre ami, M. Baudrillet, arrêté en 1822 comme conspirateur et craignant d'avoir compromis mon père par une première déclaration d'où il résultait qu'il avait été conduit par vous chez le général Lafayette, modifia cette déclaration dans un second interrogatoire, et que cette modification eut pour conséquence nécessaire, dans l'esprit de beaucoup de gens, la pensée que vous aviez trompé votre ami, et que les relations que vous prétendiez avoir eues avec mon père et moi n'avaient jamais existé. Votre dévoûment à la cause et à ceux qui la servaient avec vous vous défendit alors de réclamer contre l'erreur dans laquelle furent entraînés quelques vrais amis de leur pays. Vous eûtes le courage de supporter en silence une accusation que votre conscience repoussait avec indignation ; non que vous eussiez la crainte de vous compromettre, mais parce que vous ne vouliez pas compromettre vos amis.

Je n'ai pas attendu jusqu'à aujourd'hui, Monsieur, pour vous en remercier ; et vous pouvez vous rappeler qu'au moment même où le général Foy, d'honorable mémoire, trompé par les apparences, croyait en conscience pouvoir vous désigner à la tribune comme un agent de la police, nous causions, vous et moi, dans une des salles du palais de la chambre des députés, des moyens à prendre pour vous mettre à l'abri des poursuites judiciaires dont vous étiez l'objet.

Vous prîtes le parti d'aller en Normandie, où vous fûtes accueilli par un de mes amis politiques. Mais l'accusation d'agent de police vous y avait précédé, et la personne chez qui vous étiez me fit dire que, si je ne lui envoyais pas immédiatement une déclaration signée de moi, attestant qu'il était à ma connaissance qu'on vous calomniait, et que vous aviez toujours été fidèle, il lui serait impossible de trouver l'aide dont elle avait besoin pour vous faire sortir de France.

Il n'y avait pas à balancer, je n'avais d'autre moyen de faire parvenir cette déclaration que de la mettre à la poste ; elle y fut mise le jour même. Par bonheur, elle ne fut pas interceptée, et vous partîtes pour Jersey.

J'ignore, Monsieur, si vous avez été informé de cette circonstance, que je compte au nombre des circonstances heureuses de ma vie, mais dont la déclaration prouvera, j'espère, jusqu'à l'évidence, aux personnes auxquelles vous jugerez à propos de faire part de cette lettre, que je n'ai jamais cessé d'avoir pour vous l'estime et la considération qui vous sont dues, et dont je vous prie de vouloir bien agréer aujourd'hui la nouvelle expression.

Georges W. LAFAYETTE.

Paris, le 24 mai, 1840.

M. DRAULT AU MÊME.

Monsieur,

Vous soumettez à mon attention un passage de l'histoire de France , dans lequel le continuateur d'Anquetil , en parlant de la conspiration Berton , vous signale comme un agent du gouvernement, comme un traître. Vous invoquez mes souvenirs personnels dans cette grave et douloureuse affaire, et vous me demandez mon témoignage, pour vous justifier contre cette accusation flétrissante.

Oui, Monsieur, je suis en position de vous le donner, mon témoignage, et il vous est complètement favorable.

L'historien, avec quelque réflexion sur des faits connus de tout le monde, ne fût pas tombé dans l'erreur contre laquelle vous réclamez avec tant de raison et d'énergie.

Si vous eussiez été l'agent du gouvernement, la première conspiration de Saumur, celle où les conjurés ont marché en armes, eût été étouffée avant d'éclater. Une levée d'étendard était dangereuse au milieu d'immenses populations organisées en sociétés secrètes, et la prudence eût voulu que Berton fût arrêté à Thouars. Il a échoué devant Saumur ; mais on sait aujourd'hui toutes les chances qu'avait une entreprise dans laquelle étaient entrés , sur ce seul point de la France, plus de vingt mille conjurés.

Si , après avoir servi activement et franchement la première conspiration , vous aviez trahi en formant avec Wolfled un complot pour l'arrestation du général , vous eussiez trouvé , comme le maréchal-des-logis de carabiniers , la récompense du service rendu. Wolfled a été fait lieutenant de gendarmerie. Quant à vous, Monsieur, vous n'avez eu en partage que deux condamnations à mort , la fuite et neuf ans d'exil sur une terre étrangère.

Ces faits sont éloquents et vous lavent suffisamment du reproche de trahison.

Mais, sans mauvaise intention et avec la meilleure foi possible, l'historien, sans faire plus de recherches, a accepté comme des vérités les faits qui lui ont semblé résulter des débats judiciaires devant la cour d'assises de Poitiers.

Le général Berton vous a reproché d'être un agent provocateur, d'avoir entraîné traîtreusement la population, et de vous être fait le complice de Wolfled.

Moi-même j'ai fait peser sur vous ce soupçon en disant, d'après la déclaration de M. Baudrillet, que vous aviez trompé cet accusé en lui faisant entendre que vous l'aviez conduit chez le général Lafayette.

Plusieurs autres avocats vous ont représenté comme un agent provocateur.

Tout cela s'explique, Monsieur : Berton, en ne vous voyant pas arriver chez M. Delalande, où il fut arrêté par Wolfled et ses amis, a pu tout soupçonner, tout croire, quand il était victime d'un infâme guet-à-pens ; pour moi, je n'ai pas dû laisser passer l'occasion d'expliquer une déclaration favorable au général Lafayette, que le procureur-général Mangin cherchait à compromettre dans ces débats ; et, pour les autres avocats, ils vous ont accusé, parce que vous étiez absent : ils ont trouvé tout naturel de dire, pour la défense de leurs clients, qu'ils avaient été embauchés, excités par un traître, et entraînés par la présence du général.

Mais, dans le fait, Monsieur, il est résulté pour nous tous, de l'ensemble des débats de Poitiers, et la suite a confirmé notre opinion, que vous étiez, non pas un agent du gouvernement, mais un infatigable et hardi conspirateur. Je trouve pour mon compte, quelque chose de vrai dans l'expression du procureur-général d'Angers, écrivant, en 1822, dans un mémoire à la Cour de cassation, que vous étiez l'*âme des conspirations*. Personne, en effet, n'a plus coopéré que vous à l'organisation des sociétes secrètes dans le département de Maine-et-Loire ; et vous êtes l'homme que l'on retrouve toujours et partout. Si vous avez été l'âme de la première conspiration, vous auriez été aussi l'âme de la seconde ; car, sans la trahison de Wolfled, et avec tous les éléments à votre disposition, un nouveau mouvement, mieux combiné que le premier, eût bientôt mis en armes des populations entières dont le gouvernement ne soupçonnait pas l'hostilité, et qu'il croyait abattues, d'ailleurs, par l'échec de Saumur.

Voilà, Monsieur, mon témaignage que je vous donne en parfaite connaissance de cause, car j'ai su à fond la conspition de Thouars et de Saumur, et je puis, sans craindre de me tromper, assigner son véritable rôle à chacun de ceux qui ont préparé et dirigé ce mouvement insurrectionnel.

Agréez, Monsieur, l'assurance de ma considération très distinguée.

DRAULT.
Député de la Vienne.

Paris, le 12 mai, 1840.

M. DELALANDE AU MÊME.

« Mon cher camarade,

« Je conçois toute la douleur et l'indignation que vous avez dû ressentir en lisant les imputations que les historiens de notre époque, et notamment M. Burette, dans sa continuation d'Anquetil, ont rapportées contre vous. Vous, un agent provocateur !... un complice de Wolfled !... ce monstre dont le nom seul fera horreur à la postérité !... Ceux qui ne vous connaissent pas pourraient seuls le croire. Vos amis, les témoins de vos malheurs et de votre patriotisme, ne peuvent que déplorer de voir de telles allégations devenues la seule récompense du dévoûment et de l'honneur.

Vous ne devez pas, mon cher ami, laisser peser sur vous une aussi grave inculpation, surtout lorsqu'elle se trouve dans des ouvrages sérieux et durables. J'approuve donc fort votre intention de poursuivre par tous les moyens possibles, la rectification de l'erreur, ou la répression de la diffamation commise contre vous. Si mon témoignage peut vous être pour cela de quelque utilité, je serai heureux de contribuer à cette œuvre de justice. Je vous dois, dès aujourd'hui, le récit que vous me demandez des premiers faits qui ont pu servir de base à des soupçons sans fondement, donnés aujourd'hui par l'histoire comme des vérités.

Au moment où le général Berton, M. Baudrillet et moi fûmes arrêtés, et conduits au château de Saumur, on procéda de suite à notre interrogatoire, et M. Baudrillet fut amené à raconter qu'il avait fait avec vous un voyage à Paris, au mois de mai 1822; qu'il avait été conduit par vous chez le général Lafayette; que là il avait vu tels personnages, et entendu telles et telles choses qu'il fit connaître avec détail; heureusement le juge instructeur avait omis de lui demander le signalement du général Lafayette.

A son retour près de moi, après l'interrogatoire, il me fit part, à ma demande, de ce qui s'était passé, en me disant qu'effrayé par les menaces et séduit par les promesses, il avait tout avoué, même son voyage de Paris. Je le blâmai vivement d'avoir ainsi compromis le général Lafayette et les personnages qui se trouvaient à cette réunion, lui observant qu'il rendait notre affaire bien plus malheureuse en la rattachant à des personnes puissantes. Je l'engageai à réparer, autant que possible, sa faute, en donnant du général un signalement tout contraire à la réalité, persuadé que c'était une faute et omission du juge instructeur, et que tôt ou tard on viendrait à la réparer. En effet, une demi-heure après, M. Baudrillet fut mandé et interrogé de nouveau, et, suivant mon conseil, il déclara que l'homme chez qui vous l'aviez conduit, et que vous lui aviez affirmé être le général Lafayette, était âgé de 45 à 50 ans, portait de gros favoris noirs, et était de la taille de 5 pieds 2 pouces environ. Il persista jusqu'à la fin dans cette déclaration, quoique plusieurs agents du gouvernement d'alors fussent venus, et à plusieurs reprises, l'inviter à donner un autre signalement, prétendant celui-là dissimulé, en lui promettant sa grâce.

Dans le procès de Poitiers, M. Drault, avocat du général Berton, s'emparant de l'interrogatoire de Baudrillet, prétendit que vous aviez trompé ce dernier en lui présentant un autre individu sous le nom du général Lafayette. Le général Berton crut lui-même qu'il était autant de votre intérêt que du sien de laisser peser des doutes sur votre sincérité, et il déclara qu'il avait été trompé et trahi par vous.

Vous étiez absent et à l'abri des poursuites, vos camarades ne savaient quels moyens présenter pour détourner le glaive dont leurs têtes étaient menacées. Vous devez leur pardonner d'avoir fait paraître un soupçon que leurs cœurs désavouaient, surtout lorsqu'il avait aussi pour but de sauver de la complicité des personnes puissantes et honorables. Mais vous ne pouvez laisser passer ce soupçon, comme une vérité acquise à l'histoire. Il vous sera facile de dévoiler l'erreur ; les témoignages ne vous manqueront pas, et vous laverez votre nom de la tache de trahison et d'infamie dont on l'a couvert, tandis qu'il ne mérite que l'estime des gens de bien, surtout d'après le zèle infatigable et le dévoûment sans bornes que vous avez montrés dans cette circonstance, et que tous vos amis ont reconnus.

P. S. Je dois ajouter un mot à la déclaration du général Berton qui, dans le procès de Poitiers, a cru devoir dire, dans les intérêts des accusés, et notamment du général Lafayette, que vous ne vous étiez pas présenté à Laleu, ma maison de campagne, le 17 juin 1822, jour de notre arrestation. Je puis affirmer, avec connaissance de cause, que vous êtes venu presque à la porte de la maison avec MM. Tessié de la Motte et Chaillou Saint-Aubin des Rosiers, Terrier et Binet d'Angers, Rousseau de Bessé, Choyer de Saint-Clément, et une autre personne de Chinon, dont je ne me rappelle pas le nom, et qu'il n'y a que la vue du cadavre du malheureux Meignan, et l'arrivée d'un escadron de carabiniers, qui vous ont forcé, ainsi que les autres, à vous retirer.

Recevez, mon cher camarade, l'assurance d'une amitié franche et sincère avec laquelle je suis pour toujours

Votre tout dévoué,

DELALANDE.

Ancien notaire et directeur de postes, à Saumur.

Paris, 4 mai, 1840.

Imp. de P. BAUDOUIN, rue des Boucheries St-G., 38.